¿dónde vamos hoy?

CICLO DEL AGUA

Dirección editorial: Raquel López Varela
Autoras: Mariana Magalhães y Cristina Quental
Ilustración: Sandra Serra
Coordinación editorial: Jesús Muñoz Calvo y Ana Mª García Alonso
Maquetación: Javier Robles, Patricia Martínez y Eduardo García
Título original: *Ciclo da água*

Edita: Cometa Roja Books & Gifts
Avda Europa Nº26, Edif Atica 5,2pl
Pozuelo de Alarcón 28224 Madrid (España)
Contacto: 91 184 59 09

 @cometarojabooks

ISBN: 978-84-17826-05-5
Depósito legal: M. 15554-2019
Impreso en Arlequin

ciclo del agua

Cristina Quental es una joven escritora portuguesa que nació el 19 de noviembre de 1983 en Ponta Delgada. Es maestra de educación infantil y ha alternado el trabajo en la escuela infantil con actividades relacionadas con la dinamización del tiempo libre.

Mariana Magalhães nació el 2 de noviembre de 1971 en Lisboa (Portugal). Además de escritora, también es maestra de educación infantil y ha alternado el trabajo en la escuela infantil con actividades vinculadas con la acción social. Ha participado en numerosos seminarios y cursos de capacitación sobre temas relacionados con niños en situaciones de riesgo. También ha organizado y coordinado un centro de acogida para menores sin familia o separados de esta.

Sandra Serra nació en Luanda (Angola) el año 1968. Es diseñadora gráfica e ilustradora desde el año 1994. Ha sido mencionada, en varias ocasiones, como una de las referencias de la ilustración infantil y juvenil en Portugal. Desde el año 2007, también se dedica a escribir obras infantiles y ya tiene varios libros editados. Tiene su propio sitio web: www.espiralinversa.pt

ciclo del

Cristina Quental
Mariana Magalhães

agua

Ilustraciones **Sandra Serra**

Otro día de cole acababa de comenzar. Los alumnos
de la maestra Teresa entraban en el edificio a toda prisa,
pues llovía tanto que se habían calado. Unos llevaban
chubasquero; otros, impermeable; casi todos, botas
de agua; y unos cuantos, gorros de lluvia.

—¡Buenos días! —saludó la maestra.

—¿Buenos? ¿Con lo que llueve? —se quejó Leonor.

—¿Por qué lloverá tanto? No entiendo cómo puede llover así —dijo Mario.

—Desde luego, con el sol que hacía ayer… —comentó Sofía.

—Niños, entrad en clase y quitaos esa ropa mojada. Os explicaré de dónde viene toda esta agua —dijo sonriendo la maestra.

—¡Del cielo, claro está! —exclamó Inés.

—He aquí un buen tema para tratar en los próximos días. ¡Voy a explicaros el ciclo del agua!

—Nuestro planeta se compone de varios elementos, y uno de ellos es el agua. ¿Dónde se puede encontrar agua?

Mar

Lagunas

Ríos

—¿Y sabéis cómo es el agua? Decidme...

Mojada

Líquida

Transparente

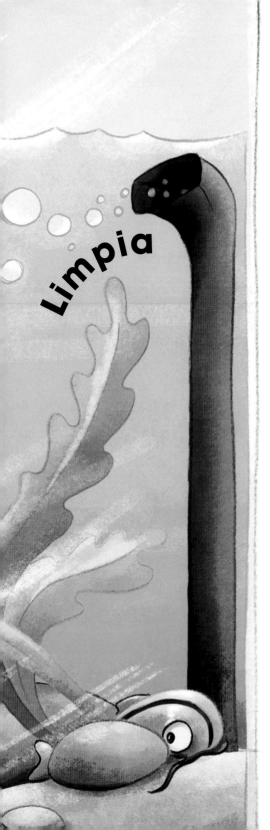

Limpia

—Muy bien. El agua es
un elemento transparente, líquido
y sin forma definida. Ahora, fijaos
en estos recipientes:

»En este vaso, el agua parece
cuadrada, pero si la echamos
en esta taza, parece redonda.
Lo mismo pasa en nuestro planeta.
El agua toma la forma de los valles
por donde discurren los ríos o
los arroyos, de los lagos o del fondo
del mar, y corre siempre de las zonas
más altas hacia las más bajas.

—¿Qué tiene que ver el agua de los ríos y de los mares con la lluvia? —preguntó María.

—Eso mismo os voy a explicar. Fijaos en este dibujo. ¿Veis el mar y los lagos? Esté donde esté, cuando el agua recibe el calor del sol, empieza a evaporarse; pasa del estado líquido al gaseoso y forma nubes en el cielo.

—A veces, cuando me baño, parece que estoy dentro de una nube —dijo Consuelo.

—¿Sabes por qué?

—No.

—Porque al calentarse, parte del agua se convierte en gas, o en vapor; es decir, se evapora.

—Pero estábamos hablando de las nubes —protestó Bernardo—. Yo empezaba a entender por qué llueve.

—Continúo. Las nubes van creciendo y siguen su camino. Si pasan por una zona más fría... Pensad en lo que os sucede a vosotros cuando tenéis frío.

—A mí se me pone la carne de gallina —contestó Marta.

—Pues a las nubes les sucede más o menos igual, y entonces el agua pasa del estado gaseoso al líquido. A ese cambio se le llama *condensación*. Recordemos el baño.

—Pero de la nube del baño de casa no sale lluvia —repuso Francisco.

—Lluvia como la del cielo, no; pero, si lo pensáis bien, ¿qué les pasa a los azulejos de la pared o al espejo?

—¡Que parecen mojados! —exclamaron todos.

—¡Muy bien! Parecen mojados porque la nube de vapor de agua ha encontrado una superficie fría y se ha condensado.

—Oh, pero yo sigo sin entender por qué llueve… —se lamentó Diego.

—Las nubes del cielo son muy grandes. Cuando el agua de esas nubes se condensa, es decir, cuando pasa del estado gaseoso al líquido, se hace más pesada y se precipita a la tierra.

—¡Empieza a caerse!

—¡Empieza a llover!

—¡Exacto! —dijo la maestra.

—Pero, maestra, en el pueblo de mi abuelo, en vez de llover, nieva. ¿Por qué? —preguntó Catalina.

—Porque en el pueblo de tu abuelo hace aún más frío que aquí y las nubes se quedan tan tiesas que, en vez de pasar al estado líquido, pasan al estado sólido. A eso se le llama *solidificación*.

—Pero la nieve se derrite y se convierte en agua —apuntó Jorge—. ¿A eso cómo se le llama?

—A eso se le llama *fusión* —aclaró la maestra.

—¡Entonces el agua vuelve a ser agua! —exclamó Víctor.

—Y por esa razón se habla del «ciclo del agua». El agua da una vuelta completa y regresa al punto de partida.

—¡Qué bien! Ahora que he aprendido el ciclo del agua, entiendo por qué llueve más en invierno que en verano: porque las nubes pasan más frío —dijo Rodrigo.

—Pues como ya sabéis tanto, vamos a hacer un dibujo del ciclo del agua —sugirió la maestra—. Y recordad siempre que el agua es un tesoro: ¡sin ella no habría vida!

Rima

Los estados del agua

¿Qué estados tiene el agua?
Sólido, líquido y gaseoso.
¡Y al estudiarlos, siento gozo!

Con el LÍQUIDO, puedo beber,
lavar, nadar y salpicar,
¡pero he de saberla ahorrar!

¿Qué estados tiene el agua?
Sólido, líquido y gaseoso.
¡Y al estudiarlos, siento gozo!

En el SÓLIDO, la nieve blanca
y el hielo que enfría
y el dolor calma.

¿Qué estados tiene el agua?
Sólido, líquido y gaseoso.
¡Y al estudiarlos, siento gozo!

En el GASEOSO, empaña el espejo,
y no distingo ni mi reflejo,
pero veo unas nubes allá a lo lejos.

¿Qué estados tiene el agua?
Sólido, líquido y gaseoso.
¡Y al estudiarlos, siento gozo!

El ciclo del agua

(Música de *Ya vienen los Reyes*)

Oye, agüita fresca,
dime la verdad,
cuéntame el ciclo
que sigues sin parar.

Empiezo en la mar,
mas, si me caliento,
me suelo evaporar
y el cielo visitar.

Luego, ya nubosa,
me entra mucho frío
me condenso toda
y me caigo al río.

Me caigo lluviosa,
ay, me precipito
a la mar salerosa,
¡y a nadar te invito!

Teatro

(Día de invierno con mucha lluvia; ruido de lluvia fuerte).

Personajes: *niños, mujeres, hombres, nubes y trueno.*

Escena I *(En la escuela).*

Maestra: —Hoy, como sigue lloviendo mucho, vamos a tomar el almuerzo y a jugar aquí dentro.

Niños: —¡Vaya, otra vez!

Niño 1: —Con las ganas que tengo de ir al tobogán...

Niña 2: —Y yo de jugar a la pelota.

Niño 3: —Y yo de jugar a la rayuela. ¡Qué pesadez de lluvia!

Maestra: —La lluvia es muy importante, pero la verdad es que este año está lloviendo demasiado.

Escena II *(Entre vecinas).*

Mujer 1: —En invierno no es fácil hacer la colada, pero este año pasa de castaño oscuro. Yo no había visto cosa igual.

Mujer 2: —¡Y que lo digas! Tengo la cesta de ropa sucia hasta los topes.

Mujer 3: —Yo he optado por tender dentro de casa, pero aun así...

Mujer 1: —¡Ya podía dejar de llover un poco!

Escena III *(Grupo de hombres con bufandas futboleras y sombreros de lluvia).*

Hombre 1: —Si sigue lloviendo así, seguro que suspenden el partido.

Hombre 2: —No digas eso, ¡se nos fastidian todos los planes!

Hombre 3: —Vamos andando hacia el estadio.

Hombre 4 *(Aparece en dirección contraria).:* —¿Todavía no os habéis enterado?

Hombre 2: —¿De qué?

Hombre 4: —De que han suspendido el partido por el mal tiempo.

Hombres: —¡Ay, maldita lluvia!

Escena IV *(Consejo de nubes).*

Nube 1: —¡Trueno, llama a mis hermanas!

Trueno: —Vale; prepárate, que voy a tronar. *(Sonido de trueno).*

Nube 1: —Ahora que estamos reunidas, me gustaría saber vuestra opinión sobre las constantes quejas de los humanos.

Nube 2: —Realmente, no es nada agradable que se pasen el día criticando nuestro trabajo.

Nube 3: —¡Yo propongo que hagamos huelga!

Nubes *(Con tono de enfado).:* —¡Buena idea! ¡A la huelga!

Nube 1: —En tal caso, este consejo resuelve hacer huelga a partir de hoy y por tiempo indefinido.
(Y eso fue muchísimo tiempo).

Escena V *(En la escuela)*.

Maestra: —Niños, hoy, como no llueve, podemos ir a jugar al patio.

Niños: —¡Qué bien!

Niño 1 *(Echando a correr).*: —Maestra, maestra, el árbol que plantamos está seco.

Maestra: —Vamos a verlo.

Niña 2: —¿Y si lo regamos?

Maestra: —¡Buena idea! Vete a abrir el grifo, yo me encargo de la manguera.

Niña 2: —Maestra, ¡no sale agua!

Maestra: —¿Lo has abierto del todo?

Niña 2: —Sí.

Maestra: —¡Qué lata! Otro corte.

Niño 3: —Mi madre ha dicho lo mismo esta mañana. Que no había agua.

Maestra: —¿Será general? Eso es mucho peor, ya veis lo importante que es la lluvia.

Niña 4: —Podríamos cantar la canción para que llueva que aprendimos el invierno pasado.

Maestra: —¡Esa es una idea genial!

Escena VI *(Las vecinas al encontrarse).*

Vecina 1: —Hoy estamos sin agua en casa. ¿Vosotras también?

Vecina 2: —También... debe de ser general.

Vecina 3: —Como hace tanto que no llueve, no es extraño que haya restricciones.

Vecina 1: —Nosotras quejándonos de que no podíamos tender la ropa... y ahora no podemos ni lavarla.

Vecina 2: —Pues sí, fuimos muy injustas con la lluvia; ojalá volviese.

Escena VII *(Grupo de hombres).*

Hombre 1: —¿Se han dado cuenta de que todos los sábados nos vemos en este campo?

Hombre 2: —¡Es verdad! Pero el campo no parece estar nada bien.

Hombre 3: —Como no reparen las zonas secas, dentro de poco no quedará más que tierra.

Hombre 1: —Es que hace un tiempo muy raro. Antes no paraba de llover, y ahora no llueve nunca.

Hombre 2: —Espero que no cancelen otra vez el partido por malas condiciones del campo.

Hombre 3: —¡Ojalá llueva pronto!

Todos:

Ay, ay, ay, ay *(Todos)*,
lluvia, ya puedes tornar,
que tu agua vamos a usar
para la vida mejorar.

Ay, ay, ay, ay *(Niños)*,
prometemos no quejarnos
cuando quieras encharcarnos
el patio donde jugamos.

Ay, ay, ay, ay *(Vecinas)*,
prometemos no quejarnos
cuando quieras empaparnos
la ropa que secamos.

Ay, ay, ay, ay *(Hombres)*,
prometemos no quejarnos
cuando quieras remojarnos
y el partido fastidiarnos.

Ay, ay, ay, ay *(Todos)*,
lluvia, ya puedes tornar,
que tu agua vamos a usar
para la vida mejorar.

(Termina con ruido de lluvia).

Sugerencias

1. Realizar experimentos sobre los estados del agua.

2. Elaborar un cartel sobre el ciclo del agua.

3. Construir un móvil con nubes y gotas de agua.

Vocabulario

Arroyo
Río pequeño y con poca cantidad de agua.

Agua potable
Líquido transparente apto para el consumo; es decir, que se puede tomar sin peligro alguno.

Caudal
Cantidad de agua que lleva un río o un arroyo.

Chubasquero
Prenda de plástico que sirve para protegerse de la lluvia.

Cielo
Espacio que rodea la Tierra y en el que están las nubes y todos los astros.

Condensación

Transformación de un elemento en estado gaseoso a estado líquido. Cuando el gas se transforma en líquido, decimos que *se condensa*. Por ejemplo, el vapor de agua, al bajar la temperatura con la madrugada, se convierte en rocío.

Embalse

Lugar donde se recogen las aguas de un río o un arroyo. Se forma artificialmente cerrando la boca de un valle mediante un muro llamado *presa*.

Evaporar

Convertir en vapor.

Granizo

Agua que cae del cielo en forma de bolitas de hielo.

Hielo

Agua congelada por el frío.

Lago
Extensión grande de agua dulce, totalmente rodeada de tierra.

Laguna
Lago pequeño.

Lluvia
Agua que cae de las nubes en forma de gotas.

Mar
Extensión muy grande de agua salada que cubre gran parte de la Tierra.

Nieve
Agua helada que cae del cielo cuando hace mucho frío.

Nube
Masa de vapor de agua que flota en el cielo.

Piscina o alberca
Lugar lleno de agua donde las personas se bañan y nadan para refrescarse, divertirse o hacer deporte.

Río
Corriente de agua que nace en la montaña y que va a parar al mar o a otro río mayor.

Sol
Estrella que da luz a la Tierra.

Vapor
Gas en que se convierten el agua y otros líquidos cuando están muy calientes.

Sal
Mineral, en forma de granos pequeños y blancos, que se usa para condimentar las comidas.

**«Agua que no has de beber,
déjala correr».**

Algunas veces nos metemos en cosas
que no nos interesan o que no son
de nuestra incumbencia y esto nos
trae problemas a nosotros y a los
demás, ¿no es verdad? Pues este
refrán nos enseña que, cuando algo
no nos interese o no sea de nuestra
responsabilidad, es mejor no intervenir,
es mejor *dejarlo correr*.

Títulos de la colección: